ANNECÉ BRETIN
FOTOS: AMÉLIE ROCHE

VEGETARISCH GRILLEN

INHALT

GRUNDLAGEN

REZEPTE

PLANCHA

GRILL

VEGETARIER ZU SEIN, IST MEHR ALS NUR EINE MODE. ES IST DIE MODE ZUM GENUSS!

- Ob aus gesundheitlichen oder wirtschaftlichen Gründen (steigende Fisch- und Fleischpreise, die Produkte weniger erschwinglich werden lassen) oder aus Überzeugung (aus Rücksicht auf Umwelt und Tiere): Die Zahl derer, die dauerhaft oder zumindest vorübergehend auf Fisch und Fleisch verzichten steigt.

- Die vegetarische Ernährung auf Grundlage von Getreide, Hülsenfrüchten, Obst und Gemüse, Öl und Ölfrüchten, Eiern, Milchprodukten und vegetarischen Getränken ist gesund, nährstoffreich und beugt so manchen Krankheiten vor. Zudem hat sie positive Auswirkungen auf die Umwelt, vor allem in Bezug auf die Verminderung von Treibhausgasen.

- Vegetarische Rezepte für Plancha und Barbecue anzubieten, mag bei dem einen oder anderen ein Schmunzeln auslösen … Aber jenen sei widersprochen: Sie werden in diesem Buch eine köstliche Auswahl an herzhaften und süßen Grillrezepten ohne Fleisch und Fisch finden. Fleischlose Grillkunst ist möglich – und köstlich!

Zunächst einige Tipps:

- Verwenden Sie Obst und Gemüse der Saison. Respektieren Sie die Erntezeiten der Früchte und Gemüse, um ihren authentischen Geschmack zu erfahren.

- Probieren Sie ruhig neue Produkte aus, um Ihre Grillgerichte zu bereichern und Ihre Gäste zu überraschen. Entdecken Sie vegetarische Proteine in Seitan, Tofu und Tempeh, die eine hervorragende Alternative zu Fleisch darstellen. Noch dazu sind sie reich an Ballaststoffen und sehr fettarm.

- Verfeinern Sie Ihr Obst und Gemüse mit Marinaden und Saucen, die leicht herzustellen, dafür aber nicht minder originell sind.

- Sie werden sehen, Ihre Planchas und Barbecues werden schnell und spielerisch zu Feinschmeckergerichten!

Warum lange zögern? Lassen Sie sich inspirieren!

PFLANZLICHE PROTEINQUELLEN

WEIZENPROTEINE

Seitan

- Weniger bekannt als Tofu, besteht Seitan aus Weizengluten, also aus einem sehr proteinreichen Getreide. Seitan enthält mehr Proteine als Rindfleisch! Auch in Bezug auf Geschmack und Konsistenz ist es eine ausgezeichnete Alternative zu Fleisch. Es stammt aus der chinesischen und japanischen Küche und bedeutet auf japanisch „auf der Grundlage von Proteinen". Man kann es wunderbar braten, grillen oder marinieren.

SOJAPROTEINE

Tofu

- Ursprünglich kommt Tofu aus China und wird auf der Basis gesäuerter Sojamilch hergestellt. Tofu ist zweifellos die bekannteste Alternative zu Fleisch, geschmacklich jedoch sicherlich nicht die interessanteste. Er wird häufig als zäh beschrieben, doch es gibt ihn in verschiedenen Formen: getrocknet, geräuchert, im Block, cremig, mit Kräutern, mit Curry, mit Spinat und Nüssen, mit Tamarindenpaste und geräuchert. Tofu erweitert die Geschmackspalette und bereichert Ihre Gerichte. Gesund und weit verbreitet in der vegetarischen (und veganen) Küche, kann man ihn am Stück oder gewürfelt kochen, frittieren, marinieren oder als Snack, in Salaten, in Gemüse- und Getreideröstis genießen. Sie können Ihren Tofu auch selbst herstellen, indem Sie Sojamilch mit einem natürlichen Magnesiumchlorid, dem Nigari, säuern.

Tempeh

- Das aus Indonesien stammende Tempeh wird aus fermentierten Sojabohnen hergestellt, die mit Schimmelpilzen kolonisiert werden. Relativ fest und geschmacksintensiv findet es in der Küche frittiert, gegrillt, mariniert, an Spießen oder in Scheiben Verwendung. Reich an pflanzlichen Proteinen und Faserstoffen, dabei sehr fettarm, ist es eine gute Alternative zum Fleisch. Aufgrund des „sehr speziellen Geschmacks" wird allerdings öfter Tofu verwendet. Doch man kann lernen, mit Tempeh zu kochen und wird vom Geschmack überrascht sein!

Sojafleisch (Texturiertes Soja, TVP – textured vegetable proteine)

- Diese Proteine aus getrocknetem Soja, die es in unterschiedlich großen Stücken, als Medaillons oder Streifen gibt, werden aus Sojamehl hergestellt, das in verschiedenen Pressgängen entfettet wird. Um es in der Küche zu verwenden, muss es nur in der doppelten Menge an Wasser oder Brühe eingeweicht werden. Wie Tofu hat texturiertes Soja keinen Eigengeschmack und nimmt das Aroma der Zutaten an, mit denen es verkocht wird. Verwöhnen Sie also Ihre Geschmacksknospen mit Kräutern und Gewürzen.

SAUCEN UND MARINADEN

PONZUSAUCE
ZUBEREITUNGSZEIT: 5 MIN.

1 Päckchen Dashipulver | 2 TL Sojasauce| 5 cm Kombualgen | Saft von 1 grünen Zitrone | Saft von ½ gelben Zitrone | 1 TL Reiswein | 10 ml Sesamöl | 1 EL Schnittlauch, gehackt

• Die Dashibrühe nach Packungsanweisung herstellen. 100 ml kalte Brühe in einem Schälchen mit den restlichen Zutaten verrühren. Vor dem Servieren mit gehacktem Schnittlauch bestreuen.

AHORNSIRUPMARINADE
ZUBEREITUNGSZEIT: 10 MIN. – MARINIERZEIT: 4 STD.

120 ml Ahornsirup | 2 Knoblauchzehen, gehackt | 1 EL frische Kräuter, gehackt (Basilikum, Salbei, Thymian) | 1 TL frisch geriebener Ingwer | 250 ml Wasser | 80 ml Sojasauce

• Alle Zutaten in einer Schüssel verrühren und das Gemüse ca. 4 Stunden darin marinieren.

SESAMMARINADE
ZUBEREITUNGSZEIT: 5 MIN. – MARINIERZEIT: 4 STD.

10 Blätter Basilikum, gezupft | 10 Blätter Minze, gezupft | 1 Knoblauchzehe, gepresst | abgeriebene Schale und Saft von 1 unbehandelten Zitrone | 150 ml Olivenöl| 50 ml Sesamöl

• Alle Zutaten in einer Schüssel verrühren und das Gemüse ca. 4 Stunden darin marinieren.

SÜSSE GEWÜRZMARINADE
ZUBEREITUNGSZEIT: 5 MIN. – MARINIERZEIT: 4 STD.

1 TL Kurkuma | 1 TL Kreuzkümmel | 1 Sternanis | 100 ml Kokosmilch | 100 ml Olivenöl | 1 Prise schwarzer Pfeffer

• Alle Zutaten in einer Schüssel verrühren und das Gemüse ca. 4 Stunden darin marinieren.

SCHARFE BARBECUESAUCE
ZUBEREITUNGSZEIT: 5 MIN.

8 EL Bio-Ketchup | 1 EL Senf | ½ TL Sriracha-Sauce | 1 EL Zitronenhonig

• Alle Zutaten in einem Schälchen verrühren.

SAUCE BÉARNAISE MIT ZITRONE
ZUBEREITUNGSZEIT: 20 MIN. – GARZEIT: 12 MIN.

5 EL Weißwein | 3 EL Weinessig | 3 EL frischer oder getrockneter Estragon | Salz, Pfeffer aus der Mühle | 1 Schalotte, sehr fein gehackt | abgeriebene Schale und Saft von 1 unbehandelten Zitrone | 2 Eigelbe | 150 g kalte Butter, gewürfelt

Weißwein, Weinessig und 2 Esslöffel Estragon in einem Topf verrühren. Salzen und pfeffern. Die Schalotte, Zitronensaft und -schale zugeben und 12 Minuten köcheln. Vom Herd nehmen und die beiden Eigelbe unterrühren. Bei schwacher Hitze unter Rühren eindicken. Sobald die Béarnaise aufsteigt, vom Herd nehmen und die kalten Butterstücke kräftig unterrühren. Mit dem restlichen Estragon bestreuen.

CHAMPIGNONS GEFÜLLT MIT SEITAN UND GETROCKNETEN TOMATEN

ZUBEREITUNGSZEIT: 15 MIN.
MARINIERZEIT: 20 MIN.
GARZEIT: 15–20 MIN.

Für 4 Personen

- 12 große Champignons
- 8 Stücke getrocknete Tomaten
- 200 g Seitan
- 2 EL Sesamöl
- Einige Stängel Oregano
- Etwas Öl für den Planchagrill
- 40 g Nüsse, gehackt
- Salz, Pfeffer aus der Mühle
- 1 Handvoll Keimlinge

• Die Champignons putzen und die Stielenden entfernen. Die getrockneten Tomaten fein würfeln. Das Seitan ebenfalls fein würfeln.

• Tomaten- und Seitanwürfel im Sesamöl wenden und einige Oreganoblätter zugeben. Etwa 20 Minuten marinieren.

• Den Planchagrill vorheizen und leicht einölen. Die Champignons etwa 10 Minuten grillen und warm halten.

• Die marinierten Tomaten und den Seitan 6–8 Minuten unter ständigem Rühren auf dem Planchagrill braten. Die Nüsse untermischen und nach Belieben abschmecken.

• Die Champignons mit dieser Mischung füllen und vor dem Servieren mit Oregano und Keimlingen bestreuen.

MARINIERTER TOFU AM STIEL

ZUBEREITUNGSZEIT: 5 MIN.
GARZEIT: 2 MIN.

Für 4 Personen

- 200 g Tofu natur
- 200 g Tofu Spinat-Nuss (im Bioladen)
- 4 EL Sojasauce
- abgeriebene Schale und Saft von 1 unbehandelten grünen Zitrone
- 1 EL frisch geriebener Ingwer
- Einige Blätter Koriander
- Einige Blätter glatte Petersilie
- Etwas Öl für den Planchagrill
- Salz, Pfeffer aus der Mühle

- Beide Tofus in Würfel schneiden.
- Sojasauce, Zitronenschale und -saft, geriebenen Ingwer und einige sehr fein gehackte Petersilien- und Korianderblätter in einer Schüssel verrühren. Mit Salz und Pfeffer abschmecken.
- Die Tofuwürfel in die Marinade legen und 1 Stunde kalt stellen, dabei gelegentlich wenden.
- Den Planchagrill vorheizen und leicht einölen. Die Tofuwürfel 2–4 Minuten braten, dabei regelmäßig wenden.
- Die Tofuwürfel auf Holzstiele stecken und sofort servieren.

GEMÜSESTEAKS MIT RATATOUILLE

ZUBEREITUNGSZEIT: 50 MIN.
GARZEIT: 35–40 MIN.

Für 6 Gemüsesteaks

- 250 g Kichererbsen, gekocht
- 250 g Feuerbohnen, gekocht
- 1 grüne Paprika
- 3 Knoblauchzehen
- 1 Frühlingszwiebel
- 1 Möhre, geschält,
- 3 EL Olivenöl
- 1 EL frisches Bohnenkraut, entstielt
- 1 EL frischer Oregano
- 1 TL frischer Salbei
- ½ TL Kurkumapulver
- 1 TL Kreuzkümmelpulver
- 1 TL Espelettepfeffer
- 250 g Haferflocken
- 120 g weicher Tofu
- 2 EL Paniermehl
- Salz, Pfeffer aus der Mühle

Für das Ratatouille

- 2 Tomaten
- 2 Zucchini
- 1 Aubergine
- 1 gelbe Paprika, rote und grüne Paprika
- 4 Knoblauchzehen
- 1 rote Zwiebel
- Einige Zweige Bohnenkraut, Oregano, Salbei

Für das Ratatouille: Das Gemüse waschen und in Stücke schneiden. Die Knoblauchzehen zerdrücken, ohne sie zu schälen. Die rote Zwiebel schälen und in Ringe schneiden. Den Planchagrill vorheizen und leicht einfetten. Aubergine und Paprika einige Minuten anbraten. Den zerdrückten Knoblauch und die Zwiebelringe zugeben, sobald die Aubergine weich zu werden beginnt. Wenn die Zwiebeln glasig sind, Zucchini und Kräuter zugeben. Alles gut vermischen, die Tomatenstücke unterrühren und abschmecken. Weitere 10 bis 15 Minuten braten, bis alle Gemüse weich sind. Das Ratatouille vom Grill nehmen und warm halten.

• Kichererbsen und Feuerbohnen kurz im Mixer pürieren. Die Mischung sollte noch etwas stückig sein. Die Paprika waschen, die Samen entfernen und das Fruchtfleisch fein hacken. Knoblauch, Zwiebel und Möhre schälen und fein hacken.

• Knoblauch und Zwiebel in einer Pfanne mit etwas Olivenöl 1–2 Minuten dünsten. Gehackte Paprika und Möhre zugeben und weitere 10–12 Minuten dünsten, bis das Gemüse gar ist. Beiseitestellen.

• Kräuter und Gewürze mit der Erbsen-Bohnen-Mischung verrühren. Das gedünstete Gemüse zugeben, salzen und pfeffern. Paniermehl, Haferflocken und Tofu zugeben und mit den Fingern gleichmäßig untermischen. Aus der Masse etwa 1 cm dicke Steaks formen. Den Planchagrill vorheizen und leicht einölen. Die Steaks 5–7 Minuten von jeder Seite braten. Mit Ratatouille servieren.

STEAKS AUS ROTEN LINSEN MIT LEINSAMEN

ZUBEREITUNGSZEIT: 35 MIN.
GARZEIT: 10–12 MIN.

Für 4 Personen

- 250 g rote Linsen
- 2 Knoblauchzehen
- 1 kleine Möhre
- 1 Ei
- 1 EL Currypulver
- Olivenöl
- 100 g Paniermehl
- 100 g geröstete Sesamsamen
- 1 EL Leinsamen
- Etwas Öl für den Planchagrill
- Salz, Pfeffer aus der Mühle

Für die Ziegenkäsesauce

- 200 g Ziegenfrischkäse
- Einige Blätter frischer Koriander
- Saft von 1 gelben Zitrone
- 2 EL Sesamöl

- Alle Zutaten für die Sauce in einer Schale verrühren und kalt stellen.
- Für die Linsensteaks: Die roten Linsen waschen und mit der 3-fachen Wassermenge in einen Topf geben. Aufkochen und etwa 15–20 Minuten köcheln. Abgießen und sorgfältig abtropfen lassen, damit kein Wasser zurückbleibt.
- Knoblauch und Möhre schälen und fein reiben.
- Die Linsen in einer Schüssel mit der Gabel zerdrücken. Möhre, Knoblauch, Ei, Currypulver, Olivenöl und 50 g Paniermehl zugeben und untermischen. Mit Salz und Pfeffer abschmecken.
- Mit den Händen aus der Linsenmasse kleine Steaks formen und erst im restlichen Paniermehl, dann in den Sesamsamen wenden.
- Den Planchagrill vorheizen und leicht einölen. Die Linsensteaks von jeder Seite 5–6 Minuten braten. Mit Leinsamen bestreuen und mit der Ziegenkäsesauce servieren. Dazu passt ein mit Mandelöl angemachter grüner Salat.

FALAFELN MIT JOGHURT-ZITRONEN-SAUCE

ZUBEREITUNGSZEIT: 20 MIN.
GARZEIT: 6–8 MIN.

Für 4 Personen

- 1 kleine weiße Zwiebel
- 220 g Kichererbsen
- 220 g Erbsen
- 50 g Kichererbsenmehl
- Einige Korianderblätter
- 1 TL Kreuzkümmelpulver
- Salz, Pfeffer aus der Mühle
- Etwas Öl für den Planchagrill

Für die Joghurt-Zitronen-Sauce

- 1 Schalotte
- ½ Apfel
- 1 Sojajoghurt
- 1 TL Kreuzkümmelpulver
- Salz, Pfeffer aus der Mühle
- Abgeriebene Schale und Saft von 1 Zitrone
- ¼ Bund Schnittlauch

• Für die Joghurt-Zitronen-Sauce: Die Schalotte schälen und fein hacken. Den Apfel waschen, entkernen und in kleine Stücke schneiden.

• Sojajoghurt und Kreuzkümmelpulver in einem Schälchen verrühren und mit Salz und Pfeffer abschmecken.

• Schalotten- und Apfelstücke zugeben und untermischen. Mit dem Zitronensaft beträufeln. Mit geriebener Zitronenschale und gehacktem Schnittlauch bestreuen und kalt stellen.

• Für die Falafeln: Die Zwiebel schälen und fein hacken. Beide Erbsensorten im Mixer pürieren. Kichererbsenmehl, gehackte Zwiebel, Korianderblätter und Kreuzkümmelpulver zugeben und unterrühren. Mit Salz und Pfeffer abschmecken.

• Aus der Masse mit den Handflächen kleine Frikadellen formen und etwas flachdrücken.

• Den Planchagrill vorheizen und leicht einölen. Die Falafeln von jeder Seite 3–4 Minuten braten.

• Einen Salat aus Blattsalat, marmorierter Roter Bete und Gurke mit Sesamöl anmachen und zu den Falafeln und der Joghurt-Zitronen-Sauce servieren.

TORTILLAS MIT PAPRIKA, GUACAMOLE & MEXIKANISCHER SAUCE

ZUBEREITUNGSZEIT: 20 MIN.
RUHEZEIT: 5 MIN.
GARZEIT: 15 MIN.

Für 4 Personen

100 g getrocknetes Sojafleisch | ½ rote Paprika | ½ grüne Paprika | ½ gelbe Paprika | Einige Salatblätter | 3 Möhren, gerieben | 1 rote Zwiebel, gehackt | Etwas Öl für den Planchagrill | Salz, Pfeffer aus der Mühle | 8 Tortillas

Für die mexikanische Sauce (Pico de gallo)

1 Tomate, Samen entfernt | ½ Gurke | Einige Korianderzweige | 1 rote Chilischote, Samen entfernt | Saft von 1 gelben Zitrone | 1 rote Zwiebel, gehackt | 1 Knoblauchzehe, gehackt | 1 EL Olivenöl | Salz, Pfeffer aus der Mühle

Für die Guacamole

1 Tomate, Samen entfernt | ½ weiße Zwiebel | ½ grüne Chilischote, Samen entfernt | 2 reife Avocados | Saft von ½ grünen Zitrone | 1 Spritzer Tabasco

- Für die mexikanische Sauce: Tomate und Gurke fein würfeln. Den Koriander waschen und zupfen. Die Chilischote fein hacken. Alle Zutaten sorgfältig vermischen und mit Salz und Pfeffer abschmecken. Mit Frischhaltefolie abdecken und kalt stellen.

- Für die Guacamole: Tomate und Zwiebel fein würfeln. Den Koriander waschen und zupfen. Die Chilischote in feine Ringe schneiden. Alles in einer Schüssel verrühren, mit Frischhaltefolie abdecken und kalt stellen. Die Avocados schälen, entsteinen und das Fruchtfleisch zu Mus zerdrücken. Mit dem Zitronensaft beträufeln und mit der Gemüsemischung verrühren. Mit Salz, Pfeffer und Tabasco abschmecken.

- Das Sojafleisch 5 Minuten in kochendem Wasser oder kochender Gemüsebrühe köcheln. Vom Herd nehmen, 5 Minuten ziehen lassen und sorgfältig abgießen.

- Die Paprika in Streifen schneiden. Die Salatblätter fein hacken, mit Möhren und Zwiebel vermischen und beiseitestellen.

- Den Planchagrill vorheizen und leicht einölen. Die Paprikastreifen etwa 8–10 Minuten braten. Nach 5 Minuten das Sojafleisch zugeben und weitere 3–5 Minuten mitbraten. Mit Salz und Pfeffer abschmecken. Warmstellen.

- Die Tortillas auf den Planchagrill legen und 1 Minute grillen, dabei nach der Hälfte der Zeit einmal wenden. Die Tortillas sind fertig und können gefüllt werden.

FEINSCHMECKERSCHNITTEN À LA PLANCHA

ZUBEREITUNGSZEIT: 10 MIN.
GARZEIT: 5–10 MIN.

Für 4 Personen

- 1 rote Zwiebel
- 2 Tomaten
- 1 Mozzarella
- 200 g Kräutertofu (im Bioladen)
- Etwas Öl für den Planchagrill
- 4 Scheiben Bauernbrot
- Einige Keimlinge (z. B. Alfalfa)

• Die Zwiebel schälen und in dünne Scheiben schneiden. Die Tomaten waschen und in Scheiben schneiden. Den Mozzarella abgießen und in Scheiben schneiden. Den Tofu in dünne Streifen schneiden.

• Den Planchagrill vorheizen und leicht einölen. Die Brotscheiben einige Minuten goldbraun rösten.

• Gleichzeitig Tofustreifen, Tomaten- und Zwiebelscheiben 4–6 Minuten grillen, dabei regelmäßig wenden. Die Mozzarellascheiben auf den Grill legen und von jeder Seite einige Sekunden erhitzen.

• Jede Brotscheibe mit Tomaten, Zwiebel, Mozzarella und Tofu belegen, mit Keimlingen bestreuen und servieren.

KÜRBIS UND ROTE ZWIEBELN MIT JOGHURT-KRÄUTER-SAUCE

ZUBEREITUNGSZEIT: 20 MIN.
GARZEIT: 8–10 MIN.

Für 4 Personen

- 300–400 g Butternusskürbis
- 2 rote Zwiebeln
- Einige Thymianzweige
- 1 Schuss Olivenöl

Für die Joghurt-Kräuter-Sauce

- 1 TL scharfer Senf
- 1 EL Olivenöl
- 1 EL Rapsöl
- 1 EL Zitronensaft
- 1 griechischer Joghurt
- Einige Zweige Bohnenkraut, Oregano und Melisse
- Salz, Pfeffer aus der Mühle

• Für die Joghurt-Kräuter-Sauce: In einem kleinen Schälchen mit einer Gabel Senf, Olivenöl und Rapsöl kräftig verquirlen.

• Zitronensaft, Joghurt und die gehackten Kräuter zugeben und alles gut vermischen. Mit Salz und Pfeffer abschmecken und beiseitestellen.

• Den Kürbis schälen und in Scheiben schneiden. Die Zwiebeln schälen und in Ringe schneiden. Den Thymian entstielen.

• Den Planchagrill vorheizen und leicht einölen. Zwiebelringe und Kürbisscheiben auf dem Grill mit Thymian bestreuen und 8–10 Minuten grillen, dabei regelmäßig wenden.

• Das gegrillte Gemüse mit der Joghurt-Kräuter-Sauce servieren und in Scheibchen geschnittenen Tofu dazu reichen.

SEITAN-BURGER MIT HASELNÜSSEN

ZUBEREITUNGSZEIT: 20 MIN.
GARZEIT: 8–10 MIN.

Für 4 Burger

- 4 Seitan-Steaks
- 1 Ei, verquirlt
- 100 g Buchweizenmehl
- 250 g Haselnüsse, gehackt
- 1 Apfel (Granny Smith)
- 2 schöne Tomaten
- 1 rote Zwiebel
- 4 Burgerbrötchen
- 4 EL Meerrettichcreme
- 1 Handvoll junge Sprossen
- Einige Keimlinge
- Etwas Öl für den Planchagrill
- Salz, Pfeffer aus der Mühle

• Die Seitan-Steaks erst nacheinander im verquirlten Ei, im Mehl und in den gehackten Haselnüssen wenden. Beiseitestellen.

• Den Apfel waschen, entkernen und in Scheiben schneiden. Die Tomaten waschen und in dünne Scheiben schneiden. Die Zwiebel schälen und in Ringe schneiden.

• Den Planchagrill vorheizen und leicht einölen. Die Steaks von jeder Seite 3–4 Minuten grillen und warmstellen.

• Die Burgerbrötchen halbieren und einige Sekunden auf den Grill legen. So werden die Buger zusammengesetzt: Alle Brötchenhälften mit der Meerrettichcreme bestreichen. Die panierten Seitan-Steaks, Zwiebelringe, Apfel- und Tomatenscheiben auf die unteren Brötchenhälften legen. Mit Sprossen und Keimlingen bestreuen und die oberen Brötchenhälften auflegen.

• Servieren Sie Kürbisfritten mit Paprika und Mohn zu Ihren Burgern (siehe Rezept S. 26).

POMMES FRITES MIT PARMESAN & SALBEI

ZUBEREITUNGSZEIT: 15 MIN.
GARZEIT: 15–20 MIN.

Für 4 Personen

- 8 Kartoffeln
- 2 EL Olivenöl
- 2 EL frisch geriebener Parmesan
- Einige Blätter frischer Salbei, gezupft

- Die Kartoffeln waschen, schälen und in Pommes Frites schneiden. Erneut waschen und abtropfen lassen.
- Das Olivenöl auf den Planchagrill geben, mit Parmesan und Salbei bestreuen und vermengen.
- Den Planchagrill vorheizen. Die Pommes Frites 15 – 20 Minuten grillen, dabei von Zeit zu Zeit wenden.

KÜRBISFRITTEN MIT PAPRIKA & MOHN

ZUBEREITUNGSZEIT: 15 MIN.
GARZEIT: 8–10 MIN.

Für 4 Personen

- 400 g Kürbis
- 2 EL Olivenöl
- 2 EL Paprikapulver
- Einige Mohnsamen

- Den Kürbis waschen, schälen und in Pommes Frites schneiden. Erneut abwaschen und abtropfen lassen.
- Das Olivenöl auf den Planchagrill geben, mit Paprikapulver und Mohnsamen bestreuen und vermengen.
- Den Planchagrill vorheizen. Die Kürbisfritten 8 – 10 Minuten grillen, dabei von Zeit zu Zeit wenden.

SEITAN-STEAKS MIT MÜSLI & MEERRETTICHSAUCE

ZUBEREITUNGSZEIT: 10 MIN.
GARZEIT: 10–15 MIN.

Für 4 Personen

- 4 Scheiben Seitan oder 4 Seitan-Steaks
- 2 Eier, verquirlt
- 150 g Mehl
- 200 g Müsli
- Etwas Öl für den Planchagrill
- Einige Zitronenzesten

Für die Meerrettichsauce

- 300 g Joghurt aus Soja- oder Mandelmilch
- 1 EL geriebener Meerrettich oder Meerrettichpulver
- Einige Tropfen Essig

• Alle Zutaten für die Sauce vermischen und im Kühlschrank aufbewahren.

• Die Seitan-Steaks nacheinander im Ei, im Mehl und im Müsli wenden.

• Den Planchagrill vorheizen und leicht einölen. Die panierten Seitan-Steaks von jeder Seite 5 – 7 Minuten grillen.

• Die Seitansteaks mit Zitronenzesten bestreuen und mit der Meerrettichsauce servieren.

TEMPEH-RÖSTI MIT LAUCH, CURRY & SAFRAN

ZUBEREITUNGSZEIT: 20 MIN.
MARINIERZEIT: 8 STD.
GARZEIT: 10 MIN.

Für 4 Personen

- 200 g Tempeh
- 2 Lauchstangen
- Einige Safranfäden
- Etwas Öl für den Planchagrill

Für die Marinade

- 100 ml Apfelsaft
- 1 EL Currypulver
- 1 EL Sonnenblumenöl
- Salz, Pfeffer aus der Mühle

Für das Chutney

- 1 gelbe Paprika
- 2 grüne Chilischoten
- 3 gelbe Tomaten
- 1 Zwiebel
- 1 TL brauner Zucker
- Salz
- 1 EL Weinessig

• Für das Chutney: Paprika und Chilischoten waschen, entkernen und fein hacken. Die Tomaten waschen, die Samen entfernen und ebenfalls fein hacken. Die Zwiebel schälen und hacken. Alle Zutaten in einer Schüssel vermischen. Zucker, Salz und Essig unterrühren. Mit Frischhaltefolie abdecken und mindestens 8 Stunden marinieren.

• Das Tempeh in dicke Scheiben schneiden.

• Für die Marinade Apfelsaft, Sonnenblumenöl und Currypulver verrühren und mit Salz und Pfeffer abschmecken. Das Tempeh in die Marinade legen und bis zur weiteren Verarbeitung marinieren.

• Den Lauch waschen und in feine Streifen schneiden. Den Planchagrill vorheizen und leicht einölen. Die Lauchstreifen kurz grillen, bis sie weich sind. Vom Grill nehmen und warm halten.

• Die Tempeh-Scheiben auf den Grill legen und von jeder Seite 3–4 Minuten grillen.

• Die Tempeh-Rösti vor dem Servieren mit Lauchstreifen belegen und mit Safranfäden bestreuen. Mit dem Tomaten-Paprika-Chutney servieren.

GRILLGEMÜSE MIT ZWEIERLEI TOFU

ZUBEREITUNGSZEIT: 15 MIN.
GARZEIT: 15 MIN.

Für 4 Personen

- 250 g Tofu mit Curry
- 250 g geräucherter Tofu
- 1 Möhre
- ½ rote Paprika
- ½ grüne Paprika
- ½ gelbe Paprika
- 2 Frühlingszwiebeln
- ¼ Blumenkohl
- ¼ Brokkoli
- 4 Shiitakepilze
- 1 Tomate
- 1 kleine grüne Chilischote
- 1 Bund Basilikum
- 3 EL Pflanzenöl
- 1 EL frisch geriebener Ingwer
- 1 EL Sojasauce
- 2 EL vegetarische Nuoc-mam-Sauce
- 2 EL vegetarische Austernsauce
- Etwas Wasabi

• Die Tofublöcke in kleine Würfel schneiden.Das Gemüse waschen. Die Möhre in dünne Stifte schneiden. Die Paprikaschoten entkernen und fein würfeln. Die Frühlingszwiebeln in Ringe schneiden. Blumenkohl und Brokkoli in Röschen zerteilen. Die Pilze putzen und in Scheiben schneiden. Die Tomate vierteln. Die Chilischote in kleine Stücke schneiden oder ganz lassen. Das Basilikum waschen und entstielen.

• Das Öl auf dem Planchagrill erhitzen, den frisch geriebenen Ingwer zugeben und 1 – 2 Minuten unter Rühren dünsten. Das Gemüse mit der Chilischote zugeben und 6 – 8 Minuten grillen, dabei regelmäßig wenden.

• Einige Basilikumblätter zugeben. Sojasauce, Nuoc-mam-Sauce und Austernsauce unterrühren und weitere 2 – 3 Minuten grillen.

• Vor dem Servieren mit dem restlichen Basilikum und etwas Wasabi bestreuen.

Variante
Sie können den Tofu auch durch Sojafleisch-Medaillons oder dünne Seitan-Streifen ersetzen.

QUINOA-KICHERERBSEN-RÖSTI

ZUBEREITUNGSZEIT: 10 MIN.
GARZEIT: 8 MIN.

Für 4 Personen

- ½ rote Paprika
- 8 getrocknete Tomatenviertel
- 500 g Kichererbsen, eingeweicht und abgetropft
- 1 Ei
- 2 EL Olivenöl
- 1 kleine Zwiebel, gehackt
- 1 Möhre, gerieben
- 2 Knoblauchzehen, gehackt
- 1 TL frisch geriebener Ingwer
- 1 Prise Espelettepfeffer
- Salz, Pfeffer aus der Mühle
- 500 g Quinoa, gekocht
- 3 EL Paniermehl
- Etwas Öl für den Planchagrill
- Einige Korianderzweige

Für die Knoblauchmayonnaise

- 1 Eigelb
- 1 EL Senf
- Salz, Pfeffer aus der Mühle
- 2 TL Essig
- 150 ml Olivenöl
- 150 ml Pflanzenöl
- 4 Knoblauchzehen, zerdrückt
- Einige Kardamomkapseln, gehackt
- Einige Kürbiskerne, geröstet und gehackt

• Für die Mayonnaise: Die frischen Zutaten aus dem Kühlschrank nehmen und auf Zimmertemperatur aufwärmen lassen. Eigelb, Senf, Salz, Pfeffer und 1 TL Essig in einer Schüssel verrühren. Mit dem elektrischen Handrührgerät mixen und dabei das Olivenöl behutsam zugießen.

• Den restlichen Essig zugeben und unter weiterem Mixen das Pflanzenöl allmählich zugießen. Sobald die Mayonnaise fest ist, vorsichtig Knoblauch, Kardamomkapseln und Kürbiskerne untermischen. Beiseitestellen.

• Für die Rösti: Die Paprika entkernen und fein hacken. Die getrockneten Tomaten fein würfeln. Beides beiseitestellen. Die Kichererbsen zu einem Mus pürieren. Das Ei untermischen.

• Das Öl in einer Pfanne erhitzen und die Zwiebel 2 Minuten dünsten. Möhre, Knoblauch, Ingwer, Paprika und Espelettepfeffer zugeben und alles gut vermischen. Mit Salz und Pfeffer abschmecken und 3–4 Minuten köcheln.

• Das Quinoa mit dem Kichererbsenpüree vermischen. Getrocknete Tomaten, Paniermehl, gedünstetes Gemüse und den klein gehackten Koriander zugeben und alles gut vermischen. Einzelne Rösti aus der Masse formen.

• Den Planchagrill vorheizen und leicht einölen. Die Rösti von jeder Seite 3–4 Minuten grillen. Mit der Knoblauchmayonnaise servieren. Dazu passt ein Salat aus Portulak.

SEITAN-SPIESSE MIT GEGRILLTEN AUBERGINEN & PARMESAN

ZUBEREITUNGSZEIT: 1 STD.
MARINIERZEIT: 1 STD.
GARZEIT: 30 MIN.

Für 4 Personen

Für das Seitan

- 400 g Glutenmehl
- 1 EL Paprikapulver
- 1 TL Paprikapulver edelsüß
- 1 EL Kreuzkümmelpulver
- 600 ml Wasser
- 4 EL Sojasauce

Für die Marinade

- 70 ml scharfe Barbecuesauce (siehe Rezept S. 6)
- 2 EL Sojasauce
- 2 EL Rapsöl

Für die gegrillten Auberginen

- 4 Auberginen
- 4 EL Olivenöl
- Salz, Pfeffer aus der Mühle
- 20 g Parmesan, gehobelt

- Den Backofen auf 170 °C vorheizen.
- Für das Seitan: Glutenmehl und Gewürze in einer Schüssel vermischen. Wasser und Sojasauce zugießen und alles vorsichtig zu einer luftigen Teigkugel verarbeiten.
- Das Seitan auf einem geölten Backblech ausrollen und 25 Minuten im Ofen backen.
- Alle Zutaten für die Marinade vermischen. Das Seitan in Streifen schneiden, sorgfältig in der Marinade wenden und etwa 1 Stunde marinieren.
- Den Planchagrill vorheizen und leicht einölen. Die Seitanstreifen auf Holzspieße stecken und von jeder Seite 5–6 Minuten grillen.
- Die Auberginen waschen und längs halbieren. Mit Olivenöl beträufeln, salzen und pfeffern. Den Planchagrill noch einmal leicht einölen und die Auberginen von jeder Seite 6–8 Minuten grillen, bis sie gut geröstet sind. Erst vor dem Servieren mit dem gehobelten Parmesan bestreuen.
- Die Seitanspieße zusammen mit den gegrillten Auberginen servieren.

BÁNH MÌ MIT GERÄUCHERTEM TOFU & SCHARFER SAUCE

ZUBEREITUNGSZEIT: 20 MIN.
MARINIERZEIT: 30 MIN.
GARZEIT: 2 MIN.

Für 2 Personen

- 1 Baguette
- 100 g geräucherter Tofu
- 1 gelbe Rübe
- 1 Möhre
- 1 schwarzes Radieschen
- ½ rote Zwiebel
- ½ Gurke
- Etwas Öl für den Planchagrill
- Einige Keimlinge

Für die Marinade

- 2 EL Reisessig
- 1 EL Mirin
- 2 EL Sesamöl

Für die scharfe Sauce

- 5 EL Mayonnaise
- 2 EL Sriracha (Chilisauce)
- 2 TL grüner Zitronensaft
- ½ TL Sojasauce

• Den Tofu in dünne Scheiben schneiden. Die Möhren schälen und reiben. Rübe und Möhre schälen und reiben. Das Radieschen mit dem Gemüsehobel in hauchdünne Scheiben schneiden. Die Zwiebel in dünne Ringe schneiden. Die Gurke schälen, reiben und abtropfen lassen.

• Alle Zutaten für die Marinade in einer Schüssel verrühren. Das geriebene Gemüse zugeben und sorgfältig in der Marinade wenden. 30 Minuten im Kühlschrank marinieren.

• Alle Zutaten für die scharfe Sauce verrühren und beiseitestellen.

• Den Planchagrill vorheizen und leicht einölen. Die Tofuscheiben etwa 2 Minuten grillen, dabei nach 1 Minute einmal wenden.

• Das Baguette in zwei gleichgroße Stücke schneiden und diese längs aufschneiden.

• Die Brote mit der pikanten Sauce bestreichen und mit dem marinierten Gemüse füllen. Radieschenscheiben, Zwiebelringe und Tofuscheiben darauf verteilen und mit Keimlingen bestreuen.

AUBERGINENSTEAKS MIT NÜSSEN & PILZCREME

ZUBEREITUNGSZEIT: 25 MIN.
GARZEIT: 20–25 MIN.

Für 4 Steaks

- 1 Aubergine
- 1 Knoblauchzehe
- ½ Zwiebel
- 3 EL Olivenöl
- Salz, Pfeffer aus der Mühle
- 60 g Paniermehl
- Einige Zweige glatte Petersilie, gehackt
- 1 TL Kreuzkümmelpulver
- Einige Walnusskerne, gehackt
- 1 Eigelb

Für die Pilzcreme

- 1 Knoblauchzehe, fein gehackt
- 2 EL Olivenöl
- 100 g Pilze (Champignons und Pfifferlinge)
- 1 Petersilienzweig, fein gehackt
- 2 EL Crème fraîche
- Salz, Pfeffer aus der Mühle

• Die Aubergine schälen und fein würfeln. Knoblauch und Zwiebel schälen und fein hacken.

• Die Auberginenwürfel mit 2 Esslöffeln Olivenöl in einer Pfanne anbraten. Den Deckel auflegen und 10–15 Minuten köcheln, bis das Gemüse weich ist. Mit Salz und Pfeffer abschmecken und beiseitestellen.

• In derselben Pfanne Zwiebel und Knoblauch einige Minuten dünsten.

• Auberginenwürfel, Zwiebel, Knoblauch, Paniermehl, gehackte Petersilie, Kreuzkümmel, gehackte Nüsse, Salz und Pfeffer in einer Schlüssel zu einer homogenen Masse verarbeiten. Das Eigelb zugeben und noch einmal alles vermischen.

• Gleichgroße Kugeln aus der Masse formen und zu „Steaks" flachdrücken.

• Den Planchagrill vorheizen und mit 1 EL Olivenöl einfetten. Die Auberginensteaks von jeder Seite 2–3 Minuten grillen.

• Für die Pilzcreme: Den Knoblauch in einer Pfanne mit dem Olivenöl andünsten. Pilze und Petersilie zugeben und 5 Minuten dünsten. Die Crème fraîche unterrühren und mit Salz und Pfeffer abschmecken. Warm halten.

• Die Auberginensteaks mit der Pilzcreme servieren. Dazu passt ein Quinoasalat mit Zitrone und frischer Minze.

LINSENFRIKADELLEN MIT KRÄUTERSALAT

ZUBEREITUNGSZEIT: 20 MIN.
GARZEIT: 5–8 MIN.

Für 4 Personen

- 500 g grüne Linsen
- 1 Zwiebel
- 40 g Pinienkerne
- 40 g Walnüsse, geschält
- ca. 4 EL Paniermehl
- 2 TL Kurkuma
- 2 Eigelb
- Salz, Pfeffer aus der Mühle
- 2 Zucchini
- 250 g Kirschtomaten
- Etwas Öl für den Planchagrill

Für den aromatischen Kräutersalat

- 1 Bund glatte Petersilie
- 1 Bund Koriander
- 3 Frühlings- oder Lauchzwiebeln
- Abgeriebene Schale und Saft von 1 unbehandelten gelben Zitrone
- 3 EL Olivenöl
- Salz, Pfeffer aus der Mühle
- Scharfe Barbecuesauce (siehe Rezept S. 6)

• Die Linsen in einen Topf mit kaltem Salzwasser geben und aufkochen. 1 – 2 Minuten kochen, gründlich abgießen und beiseitestellen.

• Für den Kräutersalat: Die frischen Kräuter waschen und fein hacken. Die Zwiebeln in dünne Ringe schneiden. Kräuter und Zwiebeln vermischen und mit Zitronensaft und Öl würzen. Salzen, mit der abgeriebenen Zitronenschale bestreuen und in den Kühlschrank stellen.

• Die Zwiebel schälen und mit Pinienkernen und Walnüssen im Mixer pürieren. Die Linsen mit einer Gabel zu Püree zerdrücken. Die Zwiebel-Nuss-Mischung zugeben und alles gut verrühren.

• Paniermehl und Kurkuma zugeben und mit Salz und Pfeffer abschmecken. Das Eigelb untermischen, um die Masse zu binden.

• Mit den Händen aus der Masse nussgroße Frikadellen formen.

• Die Zucchini waschen und in Scheiben schneiden. Die Kirschtomaten waschen.

• Den Planchagrill vorheizen und leicht einölen. Das Gemüse und die Linsenfrikadellen 2 – 4 Minuten grillen, dabei regelmäßig wenden.

• Warm mit dem Kräutersalat und der scharfen Barbecuesauce servieren.

APFELPFANNKÜCHLEIN MIT ANANAS

ZUBEREITUNGSZEIT: 15 MIN.
GARZEIT: 4–6 MIN.

Für 20 Küchlein

- 210 g Mehl
- 40 g Speisestärke
- 2 TL Backpulver
- 1 Ei, verquirlt
- 200 ml Mandelmilch, lauwarm
- 1 EL Öl
- 20 g Zucker
- 2 EL Agavensirup
- 3 Scheiben Ananas
- 2 Äpfel (Golden Delicious)
- Mark von 1 Vanilleschote
- Einige Minzeblätter
- Etwas Öl für den Planchagrill

Zum Garnieren

- Puderzucker

• Die trockenen Zutaten, also Mehl, Speisestärke und Backpulver, in einer Schüssel verrühren. Erst das Ei, dann die lauwarme Milch zugeben und vorsichtig untermischen. Öl, Zucker und Agavensirup zugeben und alles zu einem glatten Teig vermischen.

• Die Ananasscheiben in kleine Stücke schneiden. Die Äpfel schälen, entkernen und ebenfalls in kleine Stücke schneiden.

• Obststücke, Vanillemark und gezupfte Minzeblätter unter den Teig mischen und sorgfältig unterrühren.

• Den Planchagrill vorheizen und leicht einölen. Die Pfannkuchlein von jeder Seite 2–3 Minuten backen.

• Mit Puderzucker bestreuen und servieren.

ARME RITTER MIT KARAMELLISIERTEN BIRNEN

ZUBEREITUNGSZEIT: 15 MIN.
GARZEIT: 2–4 MIN.

Für 4 Personen

- 2 Eier
- 150 ml Mandelmilch
- 4 Scheiben altbackenes Weißbrot
- 2 Birnen
- Etwas Öl für den Planchagrill
- 2 EL Agavensirup
- 1 EL gehobelte Mandeln
- 1 EL gehackte Pistazien
- Einige Melisseblätter

- Die Eier in einem tiefen Teller mit der Mandelmilch verrühren.
- Die Brotscheiben in die Eiermilch tauchen, bis sie sich vollgesogen haben.
- Die Birnen waschen, entkernen und in dünne Scheiben schneiden. Den Planchagrill vorheizen und leicht einölen. Die Birnenscheiben je nach Dicke 1 – 2 Minute von jeder Seiten grillen und warm halten.
- Die Brotscheiben auf den Planchagrill legen und von jeder Seite 2 Minuten grillen. Mit Agavensirup beträufeln und mit Mandeln, Pistazien und gezupften Melisseblättern bestreuen.
- Die karamellisierten Birnenscheiben auf die Brote legen und sofort servieren.

MINIBANANEN MARINIERT IN RUM UND ZITRONENHONIG

ZUBEREITUNGSZEIT: 15 MIN.
MARINIERZEIT: 1 STD.
GARZEIT: 10 MIN.

Für 4 Personen

- 8 Minibananen
- 40 ml gereifter Rum
- 3 EL Zitronenhonig
- 1 Birne
- 50 g Butter
- 2 EL brauner Zucker
- Einige Pistazien, gehackt und geröstet

- Die Bananen schälen. Mit Rum und Honig beträufeln und 1 Stunde marinieren, dabei regelmäßig mit der Flüssigkeit beträufeln.
- Die Birne schälen, entkernen und in Scheiben schneiden.
- Den Planchagrill vorheizen. 1 nussgroßes Stück Butter zerlassen und die Birnenscheiben karamellisieren. Warm halten.
- Die Bananen auf den Planchagrill legen und 3–4 Minuten grillen, dabei regelmäßig wenden.
- Die Bananen längs halbieren, mit dem braunen Zucker bestreuen und 1 Birnenscheibe in die Mitte legen. Mit den gehackten Pistazien bestreuen und sofort servieren.

SÜSSKARTOFFELPÄCKCHEN MIT BOHNENKRAUT

ZUBEREITUNGSZEIT: 15 MIN.
GARZEIT: 15–20 MIN.

Für 4 Personen

- 2 Süßkartoffeln
- 400 g weicher Tofu
- 1 Knoblauchzehe
- 4 nussgroße Stückchen Butter
- Salz, Pfeffer aus der Mühle
- 2 EL Pinienkerne, geröstet
- Einige Bohnenkrautzweige

• Die Süßkartoffeln schälen, in Scheiben schneiden und jede Scheibe halbieren. Den Tofu würfeln.

• Die Knoblauchzehe schälen und zerdrücken.

• 4 Stücke grillgeeignetes Backpapier zurechtlegen. Auf jedes Stück Papier 1 Stückchen Butter und etwas zerdrückten Knoblauch legen.

• Kartoffelscheiben und Tofuwürfel darauf verteilen. Salzen, pfeffern, mit Pinienkernen bestreuen und mit Bohnenkrautzweigen belegen.

• Zu Päckchen verschließen und auf einen vorgeheizten Barbecuegrill legen. Den Deckel verschließen und 15–20 Minuten garen, bis die Süßkartoffeln schön weich sind.

KARTOFFEL-TOFU-GEMÜSESPIESSE

ZUBEREITUNGSZEIT: 20 MIN.
GARZEIT: 15–20 MIN.

Für 4 Personen

- 160 g japanisches Tofufilet
- 2 Kartoffeln (Gala)
- 8 kleine Champignons
- 12 Kirschtomaten
- Einige Rosmarinzweige, gezupft
- 2 EL Leinsamen
- 1 Schuss Sojasauce

• Den Tofu in Würfel schneiden. Die Kartoffeln waschen, schälen und vierteln. Die Viertel noch einmal halbieren. Die Champignons putzen und die harten Stielenden entfernen. Die Kirschtomaten waschen und abtrocknen.

• Abwechselnd Tofuwürfel, Kartoffelstücke und Gemüse auf Holzspieße stecken.

• Die Spieße auf den vorgeheizten Barbecuegrill legen und ungefähr 15 Minuten grillen, dabei regelmäßig wenden.

• Vor dem Servieren mit etwas Sojasauce beträufeln und mit Rosmarin und Leinsamen bestreuen.

GEMÜSESPIESSCHEN GEFÜLLT MIT ZIEGENKÄSE

ZUBEREITUNGSZEIT: 20 MIN.
GARZEIT: 8–10 MIN.

Für 4 Personen

- 1 Aubergine
- 1 mittelgroßer Butternusskürbis
- 200 g Ziegenfrischkäse
- Saft von 1 gelben Zitrone
- Einige Mandeln, geröstet und gehackt
- 1 Schuss Mandelöl
- Salz, Pfeffer aus der Mühle
- 12 Stücke marinierte Paprika
- Einige frische Basilikumblätter

• Die Aubergine waschen und abtrocknen. Die Aubergine längs halbieren und mit einem Gemüsehobel oder einem scharfen Messer in sehr dünne Scheiben schneiden. 3–4 Minuten in kochendem Salzwasser blanchieren, unter kaltem Wasser abschrecken und abtropfen lassen.

• Den Kürbis schälen und ebenso verarbeiten wie die Aubergine.

• Frischkäse, Zitronensaft, gehackte Mandeln und Mandelöl in einer kleinen Schüssel verrühren. Mit Salz und Pfeffer abschmecken.

• Ein wenig von der Käsemasse jeweils auf die Mitte der Auberginen- und Kürbisscheiben legen und so einwickeln, dass die Füllung während des Grillens nicht entweichen kann.

• Je 1 Teelöffel der Käsemasse mittig auf die Paprikascheiben legen und ebenfalls sorgfältig einwickeln.

• Das gefüllte Gemüse auf Miniholzspieße stecken und auf dem vorgeheizten Barbecuegrill 4–6 Minuten grillen. Kurz vor dem Servieren mit frischem Basilikum bestreuen.

MAISKOLBEN IN KORIANDERBUTTER

ZUBEREITUNGSZEIT: 10 MIN.
GARZEIT: 10–15 MIN.

Für 4 Personen

- 60 g gesalzene Butter, zerlassen
- Einige Korianderblätter, fein gehackt
- Saft und abgeriebene Schale von ½ grünen Zitrone
- Einige Spritzer Tabasco
- 8 Maiskolben

• Butter, Koriander, Zitronensaft und -schale in einem kleinen Schälchen verrühren.

• Nach Belieben einige Spritzer Tabasco zugeben und beiseitestellen.

• Die Maiskolben auf den vorgeheizten Barbecuegrill legen und ein erstes Mal mit der Korianderbutter bestreichen.

• Den Deckel verschließen und den Mais 10–15 Minuten grillen, bis er leicht gebräunt und schön weich ist, dabei regelmäßig wenden.

• Die Maiskolben nach der Hälfte der Grillzeit ein zweites Mal mit der Korianderbutter bestreichen und ein drittes Mal kurz vor dem Servieren.

MARINIERTER SESAMTOFU MIT AVOCADOCREME

ZUBEREITUNGSZEIT: 15 MIN.
MARINIERZEIT: 1 STD.
GARZEIT: 5–6 MIN.

Für 4 Personen

- 250 g Tofu natur
- 2 EL neutrales Pflanzenöl
- 1 EL Sesamöl
- Einige Sesamsamen

Für die Avocadocreme

- 2 sehr reife Avocados
- 2 EL Frischkäse
- 1 Prise Espelettepfeffer
- 2 EL Mandelmilch
- Saft von ½ gelben Zitrone
- 2 EL Olivenöl
- Salz, Pfeffer aus der Mühle

• Den Tofu in Würfel schneiden. Beide Öle verrühren, die Tofuwürfel darin wenden und 1 Stunde im Kühlschrank marinieren.

• Für die Avocadocreme: Die Avocados schälen, entsteinen und das Fruchtfleisch in einen Mixer geben. Mit den restlichen Zutaten fein pürieren. Nach Belieben abschmecken, mit Frischhaltefolie abdecken und kalt stellen.

• Die Tofuwürfel auf Spieße stecken und auf dem vorgeheizten Barbecuegrill 3 Minuten von jeder Seite grillen. Vor dem Servieren mit Sesamsamen bestreuen.

• Die Tofuspieße mit der Avocadocreme servieren.

GEGRILLTER CHICORÉE MIT HASELNÜSSEN & ZITRUSSAUCE

ZUBEREITUNGSZEIT: 30 MIN.
GARZEIT: 1 STD.

Für 4 Personen

- 4 Chicorée
- 500 ml Mandelmilch
- 1 Schuss Haselnussöl
- Einige Haselnüsse, geröstet und gehackt

Für die Zitrussauce

- 1 Grapefruit
- 2 Clementinen
- 40 g gesalzene Butter
- Einige Zweige frischer Thymian
- 1 Prise Zitronenpulver
- 1 EL Sojamilch
- Salz, Pfeffer aus der Mühle

- Die Chicorées waschen und mit einem sauberen Tuch abtrocknen. Den Strunk mit einem scharfen Messer oder einem Sparschäler herausschneiden.

- Die Chicorées längs halbieren. Die Mandelmilch erhitzen, die Chicorées zugeben und 45 – 50 Minuten bei schwacher Hitze ziehen lassen. Abgießen und sorgfältig abtrocknen.

- Für die Zitrussauce: Die Zitrusfrüchte waschen, die Schalen abreiben und den Saft auspressen.

- Die Butter mit dem Thymian in einem Topf zerlassen. Clementinen- und Grapefruitsaft zugießen. Die abgeriebenen Zitrusschalen zugeben und bei mittlerer Hitze 5 Minuten köcheln. Zitronenpulver und Sojamilch zugeben und weitere 5 Minuten kochen, bis die Sauce eingedickt ist. Warm halten.

- Die Chicorées auf den vogeheizten Barbecuegrill legen. Mit Haselnussöl beträufeln und 10 Minuten grillen, dabei nach der Hälfte der Zeit einmal wenden.

- Die gegrillten Chicorées mit den gehackten Haselnüssen und dem frischen Thymian bestreuen und mit der Zitrussauce servieren.

TOFUSPIESSCHEN MIT CURRY, ANANAS & MELISSE

ZUBEREITUNGSZEIT: 10 MIN.
GARZEIT: 5–6 MIN.

Für 12 Minispieße

- 250 g Currytofu
- 4 Scheiben Ananas
- 1 Prise Currypulver
- Einige Melisseblätter

- Den Tofu in Würfel schneiden. Die Ananasscheiben in Stücke schneiden.
- Currytofu und Ananasstücke abwechselnd auf Spieße stecken.
- Auf dem vorgeheizten Grill 5–6 Minuten grillen, dabei regelmäßig wenden.
- Kurz vor dem Servieren mit Currypulver bestreuen und mit Melisseblättchen garnieren.

Variante
Sie können die Ananas auch durch Orangen ersetzen und die Melisse durch frische Minze.

GEMÜSE-HALLOUMI-SPIESSE MIT KORIANDERSAMEN & SENFKÖRNERN

ZUBEREITUNGSZEIT: 20 MIN.
RUHEZEIT: 3 STD.
GARZEIT: 20 MIN.

Für 4 Personen

- 2 Zucchini
- 1 Aubergine
- 1 gelbe Paprika
- 1 rote Paprika
- 1 orangefarbene Paprika
- 12 Kirschtomaten
- 4 kleine Zwiebeln
- 200 g Halloumi (zypriotischer Käse)
- Sesamöl
- Kräutermischung, frisch oder getrocknet (Thymian, Oregano, Rosmarin, Majoran, Basilikum)
- Einige Koriandersamen
- Einige Senfkörner
- Saft von 1 gelben Zitrone
- Salz, Pfeffer aus der Mühle

• Das Gemüse waschen und abtrocknen. Die Zwiebeln schälen. Die Zucchini in Scheiben schneiden. Die Aubergine in Scheiben schneiden und je nach Größe halbieren oder vierteln. Die Samen der Paprika entfernen und das Fruchtfleisch in Stücke schneiden. Den Käse würfeln.

• Das vorbereitete Gemüse und den Käse in eine Schüssel geben. Sesamöl, Kräutermischung, einige Koriander- und Senfkörner sowie den Zitronensaft zugeben. Alles gut vermischen und mit Salz und Pfeffer abschmecken. Mit Frischhaltefolie abdecken und ungefähr 3 Stunden im Kühlschrank marinieren.

• Gemüse- und Halloumistücke abwechselnd auf Spieße stecken.

• Die Spieße auf den Grill legen und etwa 20 Minuten grillen, dabei regelmäßig wenden, bis sie weich und gut geröstet sind.

• Die Spieße mit gegrillten Seitanscheiben servieren.

Variante
Sie können den Halloumi auch durch Feta ersetzen.

APFELPÄCKCHEN MIT FRISCHKÄSE & ZITRONENVERBENE

ZUBEREITUNGSZEIT: 15 MIN.
GARZEIT: 15–18 MIN.

Für 4 Personen

- 2 grüne Äpfel (Gala)
- 2 rote Äpfel (Golden Delicious)
- Saft von 1 gelben Zitrone
- 200 g Frischkäse
- 1 Handvoll frische oder getrocknete Zitronenverbene
- Salz, Pfeffer aus der Mühle
- Einige Haselnüsse, gehackt

• Die Äpfel waschen, vierteln und das Kerngehäuse entfernen. Mit Zitronensaft beträufeln, damit sie nicht braun werden.

• 4 Blätter grillgeeignete Backfolie vorbereiten und die Äpfelviertel, den Frischkäse und die Zitronenverbene darauf verteilen. Mit Salz, Pfeffer und gehackten Haselnüssen bestreuen.

• Zu Päckchen verschließen und auf den vorgeheizten Barbecuegrill legen. Den Deckel auflegen und ungefähr 15–18 Minuten grillen, bis die Äpfel schön weich sind.

CRUMBLE-PÄCKCHEN AUS ROTEN FRÜCHTEN & MINZE

ZUBEREITUNGSZEIT: 15 MIN.
GARZEIT: 20–25 MIN.

Für 4 Personen

- 500 g rote Früchte (Erdbeeren, Himbeeren, Blaubeeren, Johannisbeeren)
- Einige Minzeblätter
- 1 nussgroßes Stück Butter

Für den Crumbleteig

- 20 g Mehl
- 20 g Mandelpulver
- 20 g gemahlene Haselnüsse
- 50 g Müsli mit roten Früchten
- 30 g weiche Butter
- 1 Prise Salz

• Alle Zutaten für den Crumbleteig mit den Fingern zu einem krümeligen Teig verkneten. Die Krümel sollten recht groß sein.

• Den Backofen auf 180 °C vorheizen. Den Teig vorsichtig auf einem mit Backpapier ausgelegten Backblech ausrollen und 10 Minuten im Ofen backen, bis er goldbraun ist. Aus dem Ofen nehmen und abkühlen lassen.

• 4 Blätter grillgeeignetes Backpapier vorbereiten und die roten Früchte darauf verteilen. Jeweils etwas Butter und Minze zugeben.

• Zu Päckchen verschließen und auf den vorgeheizten Barbecuegrill legen. Den Deckel auflegen und etwa 10–12 Minuten grillen. Die Päckchen öffnen, mit dem Cumbleteig bestreuen und servieren.

BANANENSPIESSCHEN MIT KOKOSNUSS & ANISSAMEN

ZUBEREITUNGSZEIT: 15 MIN.
GARZEIT: 15 MIN.

Für 4 Personen

- 4 EL geriebene Kokosnuss
- Einige Anissamen
- 4 Minibananen

Für die Karamellsauce

- 100 g Streuzucker
- 100 g gesalzene Butter
- 2 gehäufte EL Crème fraîche

- Geriebene Kokosnuss und Anissamen auf einem Teller verrühren. Die Bananen schälen und in der Kokosnuss-Anis-Mischung wenden.

- Für die Karamellsauce: Den Zucker bei schwacher Hitze in einem Topf schmelzen. Die Butter würfeln und zufügen, dabei nicht rühren.

- Sobald die Butter zu schmelzen beginnt, vorsichtig den Topf bewegen, bis eine glatte Mischung entsteht. Die Crème fraîche zugeben und langsam unterrühren.

- Die Spießchen auf den vorgeheizten Barbecuegrill legen und 2–3 Minuten grillen, dabei regelmäßig wenden.

- Die Bananenspießchen mit der warmen Karamellsauce servieren.

ROSMARINSPIESSE MIT APRIKOSEN & MANGO

ZUBEREITUNGSZEIT: 10 MIN.
GARZEIT: 3–5 MIN.

Für 4 Personen

- 16 getrocknete Aprikosen (oder 4 frische)
- 1 reife Mango
- Einige Rosmarinzweige
- Einige Kardamomkapseln, gehackt
- Saft von 1 gelben Zitrone

- Die Mango schälen und in dünne Streifen schneiden.
- Die getrockneten Aprikosen (oder die Viertel der frischen Aprikosen) mit einem Mangostreifen umwickeln und mit den Rosmarinzweigen aufspießen.
- Die Spieße mit gehacktem Kardamom bestreuen und mit Zitronensaft beträufeln.
- Die Spieße auf den vorgeheizten Barbecuegrill legen und 3–5 Minuten grillen, dabei regelmäßig wenden.

ORANGENSPIESSE MIT ANANAS & ROSMARINHONIG

ZUBEREITUNGSZEIT: 15 MIN.
MARINIERZEIT: 30 MIN.
GARZEIT: 5 À 10 MIN.

Für 4 Personen

- 4 Scheiben frische Ananas
- 2 Orangen
- Einige frische Korianderblätter, gezupft
- 2 EL Rosmarinhonig

- Jede Ananasscheibe in acht Stücke schneiden.
- Eine Orange auspressen. Die andere Orange schälen und vierteln. Die Viertel noch einmal halbieren.
- Die Ananasstücke mit der Hälfte des Korianders, dem Rosmarinhonig und dem Orangensaft in einer Schüssel vermengen. Mit Frischhaltefolie abdecken und ungefähr 30 Minuten marinieren.
- Orangen- und Ananasstücke abwechselnd auf Spieße stecken. Die Spieße auf den vorgeheizten Barbecuegrill legen und 5–10 Minuten grillen, dabei regelmäßig wenden und immer wieder mit der Marinade beträufeln. Vor dem Servieren mit dem restlichen Koriander bestreuen.

Variante
Je nach Jahreszeit können Sie die Orangen auch durch Blutorangen ersetzen.

SANGRIA

ZUBEREITUNGSZEIT: 10 MIN.
RUHEZEIT: 48 STD.

Für 6 Personen

- 1 Flasche Bordeaux
- 100 ml roter Portwein
- 50 ml Cognac
- 50 ml Triple sec (Cointreau, Grand Marnier)
- 40 g Zucker
- Saft von 1 Orange
- 1 TL frisch geriebener Ingwer
- Mark von 1 Vanilleschote
- 1 Prise Zimt
- 12 Erdbeeren
- 1 Zitrone
- 1 Grapefruit
- 1 Apfel
- 1 Banane
- Kerne von 1 Granatapfel
- 250 ml Limonade
- Eiswürfel

- Die Sangria etwa 48 Stunden vorher zubereiten.
- Den Wein in eine große Schüssel gießen. Die Spirituosen zugießen. Zucker, Orangensaft, Ingwer, Vanillemark und 1 Prise Zimt zugeben.
- Die Früchte waschen und vorsichtig abtrocknen. Die Erdbeeren halbieren, die anderen Früchte in Scheiben oder Stücke schneiden. Mit den Granatapfelkernen in die Schüssel geben und kalt stellen.
- Kurz vor dem Servieren Limonade und Eiswürfel zugeben und noch einmal durchrühren.

DANKSAGUNGEN

Dank an das gesamte Team von Mango und vor allem an Aurélie und Anne, die mir die Möglichkeit gegeben haben, mich an der vegetarischen Küche zu erfreuen!
Dank an Domy für ihre Verfügbarkeit und ihre beeindruckende Professionalität sowie an Gégé für ihre allzeit wertvolle Unterstützung.
Für die hilfreichen Hände danke ich Guillaume, Domy, Sandra, Amélie: Ihr seid einfach perfekt!
Dank an Ayumi, Sophie, Guillaume, Amélie, Domy und allen anderen, die meine Rezepte ausprobiert haben! Dank an einen gewissen Philippe und an Christian E., der sich vielleicht wiedererkennt … :)
Und schließlich ein großes Merci an Stitch, der seine Nase überall reingesteckt hat!

MENGENANGABEN

Flüssigkeiten	Metrisches System	Amerikanisches System	Andere Schreibweise
	5 ml	1 Teelöffel	
	15 ml	1 Esslöffel	
	35 ml	1/8 Tasse	1 oz (oder once)
	65 ml	1/4 Tasse oder 1/4 Glas	2 oz
	125 ml	1/2 Tasse oder 1/2 Glas	4 oz
	250 ml	1 Tasse oder 1 Glas	8 oz
	500 ml	2 Tassen	
	1 l	4 Tassen	

Gewichtseinheiten	Metrisches System	Amerikanisches System	Andere Schreibweise
	30 g	1 oz	
	55 g	1/8 lbs	2 oz
	115 g	1/4 lbs	4 oz
	170 g	3/8 lbs	6 oz
	225 g	1/2 lbs	8 oz
	454 g	1 lbs	16 oz

Temperatur	Wärme	°C	Thermostat	°F
	Gering	70 °C	2–3	150 °F
	Warm	100 °C	3–4	200 °F
		120 °C	4	250 °F
	Mittel	150 °C	5	300 °F
		180 °C	6	350 °F
	Heiß	200 °C	6–7	400 °F
		230 °C	7–8	450 °F
	Sehr heiß	260 °C	8–9	500 °F

Übersetzung aus dem Französischen: Annette Mader
Lektorat/Redaktion: Christoph Eiden
Satz und Produktion: ce redaktionsbüro
Umschlaggestaltung: Roman Bold & Black, Köln

Gesamtherstellung: Tandem Verlag GmbH, Potsdam

ISBN: 978-3-8427-1519-6

Légumes
Fruits
Only"

IN DER GLEICHEN AUSSTATTUNG ERSCHIENEN

EINFACH LECKER